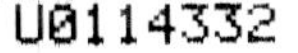
U0114332

香格里拉千里單騎

周天興 著

如果在天涯海角
有個夢境

對我而言

就是位於西藏高原上的香格里拉

當靈感推著我往那個方向移動時

我就再也不猶豫了

於是收拾行囊飛往麗江

找了三天

終於出現一台打檔摩托車

就這樣騎進了夢境

經歷了一場奇幻之旅

關於　周天興

周天興是一位生活音樂家，他透過一支口琴，一把吉他，一張臉，用最純粹的聲音，詮釋七零年代左右的經典西洋歌曲，在台灣成長的他當然不會錯過經典國語歌曲和校園民歌。能橫跨這三個領域 是他從十四歲開始彈吉他至今四十幾年來音樂生命的粹煉，透過一年十幾場的個人音樂說唱會，將這些美好的旋律和積極的生活態度分享給了許多人。

他也是一位音樂旅人，背著吉他遊走天涯海角……歐、亞、印度、日本、蒙古、中國……到處都留下他的音樂足跡

「藝術家白乘光」還給了這位老友一個封號：

～古典派吟遊歌者～

三年前曾單騎摩托車由麗江到香格里拉，進而挺進探索西藏高原四千公尺以上的更深處，所見所聞，非一般旅遊報導可見精彩之處～都是過人的冒險精神換來的～

2018 年一月更受邀至日本三家 LIFE HOUSE 演唱，也贏得當地音樂同好們的讚賞，這種交流印證了那句話 ——

～音樂無國界～

在現實的世界，他是一個專做「舊屋翻新」的設計師，如同日本電視節目「全能改造王」，由於出生在桃園大溪老街最大的百年古宅—「建成洋行」，似乎天生對老屋就特別有感覺，又舊又破爛的房子，就是他人生的另一個舞台，只要經過他的手，老太太可回春變成了小姐，如同周天興常說的一句話：

～有什麼不可能～

ガムシャラパラダイス!
1.12
今夜は20:00~
台湾から
お楽しみに!!

推薦序 一

很榮幸周天興大哥邀我幫他的新書寫序，老實說，這還是我第一次幫人寫序，算是我的處女秀。

同時也因為此書的部分寫作是在我的書店中完成，讓我們更覺得有緣。

聽周大哥說原本並沒有出書的打算，是後來才有的想法，我想是那樣的記憶太深刻了，一直在腦中潛伏著，直到有一天會跳出來告訴你，所以才會有此書的誕生，這都是老天爺最好的安排。

他的文字很平實，就像在聽故事一樣，會無法停止的一直看下去，很快就看完了這個故事，彷彿自己也去了一趟香格里拉一樣。

周大哥是性情中人，隨興而至，喜歡冒險，四處旅遊，這就是他的人生。

雖然在書中提到很多大自然的情境那麼的美，是讀者無法感受得到，但也提供了一個遠方的夢境等待你去冒險與探索。

我想這趟旅程最有價值的是體驗到「片刻的自由」這件事，生活在現代的社會裡，會有很多的束縛讓你不自由，包括工作、家庭、親友等等，有時候人不得不在這樣的環境下生存，所以一有空檔就會想要逃脫去獲取這「片刻的自由」，也得到一個喘息的機會。

就像「開書店」對我而言就是做自己喜歡的事情，這就是我想要的「自由」，也是因為這樣開了店才有緣認識周大哥，或許這都是老天爺的安排。

我想每個看過這本書的人一定都會想去香格里拉走一遭，也許不一定要騎摩托車，但總會找到自己最適合的方式，就好像你會在生活中找到最自由的方式一樣，我相信。

人生中總是要去做一次冒險的事情，讓你離開舒適圈，去挑戰你認為很困難的事情，這才是生命的意義跟價值；透過此書你可以了解到冒險並沒有想像中的難，只要你願意嘗試，跨出那第一步，或許會遇到挫折、沒有預期到的問題發生等等，但那不就是構成一個完整生命的元素嗎！

不管你要做甚麼事，只要相信你可以達到，我想一路上一定會出現很多貴人來幫助你的，就像常講的一句話，「只要你想做一件事，老天爺都會來幫你」。

生命無常，想做的事情就趕快去做，不要說要等到甚麼時候才做，往往計畫趕不上變化，當你真正想做的時候通常都已經來不及了。

最後希望這本書能夠帶給你啟發，也給你一把開啟生命價值的鑰匙。

石店子 69 有機書店創辦人

盧文鈞

推薦序 二

擁有片刻絕對自由的人

人人都嚮往自由，但是，有幾個人能夠真正享受到絕對的自由呢？朋友當中至少有一個人做到了，那就是周天興。

認識天興緣起於廿餘年前的好友活動，之後即常湊在一起唱歌玩樂。十餘年前和天興……等友人去了一趟雲南，他在文中提到的束河古鎮，大夥玩的像是在家裡一般無拘無束，小鎮的古意純樸雖常在回憶中浮出，但萬萬沒想到束河鎮竟成為天興日後壯遊的起點。

當年一行人離開麗江繼續北上，進入迪慶州香格里拉，壯闊磅礡的大山大水、藍天白雲下青青草原上的成群牛羊、松贊林寺俊秀靦腆的少年僧侶、藏民農舍熱情招待的主人夫婦，以及借住一宿慘遭跳蚤襲擊留下的痕跡，一直都藏在記憶深處，和天興一樣，心裡留下了一定要回到藏區的念頭。

退休後幾乎年年進藏，阿里轉山、色達訪寺院、稻城亞丁觀雪山、林芝賞桃花，越接觸藏文化越想了解更多，然而始終都是和旅人結伴而行，像天興那樣千里單騎自在遨遊的樂趣，惟有細讀他的文字才能領略。

不必事先規劃，隨興之所至，天南地北闖蕩，那份自由與自在是很多人嚮往卻無法企及的，這跟個人本色有極大關係。原本就個性淡泊的天興加上音樂的陪伴，無論在香格里拉獨行，或是在日本 Life House 飆歌，總是如魚得水般享受著與天地融合之樂，與志同道合者共鳴之趣，人生至此真是沒有白來一遭啊！

在香格里拉深處獨自面對天地的時刻，天興正是以自己的生命活出了陳子昂的詩句：「前不見古人，後不見來者，念天地之悠悠，獨愴然而涕下！」那種與天地同悲的感受，那種豁然開朗的清明，那種片刻而絕對的自由，雖然短暫卻是天興生命中的永恆！

每個人的靈魂都應該是自由的，不受任何人的限制。多麼希望讀完此書的朋友也能隨時放下一切，放飛自我，帶著好奇與熱情，活出從容和自在，享受生命中難得的自由與幸福！

前新北市政府文化局局長

朱惠良

作者 序

十年前，和幾位好友去雲南自助旅行，香格里拉是其中一站，也是印象最深刻的一個地方。當時我心裡就在想：以後我要騎摩托車來這裡，因為我知道只有摩托車才能解決各種環境和移動上的需求，人與大自然也才能完全融合。

回來後俗事纏身，淡忘了當時的感動，直到三年前我忽然靈光乍現，知道該是赴願的時候了，於是帶了一頂安全帽和簡單的行李飛到麗江，展開了一場冒險之旅。整個過程沒有劇本，全場即興演出，演錯了不會有導演再一旁喊卡，精彩之處也沒有人給你拍手，只有大方向——去香格里拉，沒有行程細節，一切跟著感覺走。

我選擇這種旅行方式，明確講是個性的延伸，就是想照自己的方式來，不想參考任何人的旅行方式，人一生所受的約束，還不夠嗎？

前些日子有位建築界大老闆過世，報導中提到他最想做的事就是騎重型機車，那是他的遺憾。我之所以會選擇這趟旅程，就是知道大部份人都是以遺憾做為人生收場；「愛拚才會贏」這句話我認為是未開發國家的口號，你看有哪一個先進國家文化中有這種生活態度，錢固然重要，沒錢萬萬不能大家也都知道，這我也很清楚，但是賺錢成了社會價值核心的時候，遺憾就是後遺症之一。

帶著幾十億身價快離開人世的時候，才知道一切都來不及了，如果能夠重來的話……如同 Dust in the Wind 這首歌的一段歌詞：All your money won't another minute buy，別忘了：身價是提供給有身的人，無身的人都一樣，都是無價的。

潛意識中我就是想透過這次「千里單騎」來徹底釋放自己，看看能不能回到兒時的天真自在。果真，回來後沉靜了一段時間，畫面又不斷回到我的腦海，很慶幸當初做的決定，幹的事情。

如今，直覺要我把整個過程詳盡的記錄下來，雖然我不是個作家，也沒寫過書，但是冒險的個性又告訴我：有什麼不可能，就把它當做再去一次香格里拉，我就開始動筆寫了。

周天興 2018/01/20

緣起

小菜咖啡的那一夜

十年前和幾位好友第一次到香格里拉，並非專程，而是在雲南自助旅行的其中一站，但留下的回憶，確卻佔滿了這趟旅行，關鍵在「小菜咖啡的那一夜」。

這一幕要從我一個人在古城尋幽訪勝開始：

旅行時我喜歡在小巷裡遊走，我認為小巷可以看到人們真實的生活風貌，所以我一向都是避開大馬路在小巷裡鑽。還記得那是一個陽光普照的午後，獨自走在一個安靜無人的巷子時，忽見一間土牆上長著草的門，旁邊掛著一塊木板寫著：小菜咖啡，我第一個反應是想到以前聽過「牆頭草二邊倒」原來還真有其事。我毫不猶豫就走進了院子，前方是二層樓的木造泥土老屋，左手邊有一間像似廚房的小屋，走出來一位三十多歲的女人和我打招呼，閒聊之下得知：她是七年前旅行來到這裡就不願離開了，於是找到了這間一百多年的老屋租下來當民宿。相談甚歡之餘，她邀約我晚上來吃便飯，我一口就答應了。其實當時的心裡是求之不得，因為這裡是我夢幻的地方。

回去後就找了同行的阿銘—許書銘（台北師大路 VINO 咖啡店的老闆）、阿格—黃木各（裝飾藝術家）、還有一位來自北京的朋友—土爾遜（唯吾爾族音樂人）、幾個人帶著吉他在傍晚時分一同前往。

下一幕是：老屋客廳大方桌上圍著一群互不認識的旅人，來自四面八方，那都不重要，白居易早就說過：相逢何必曾相似……

一道道熱騰騰的菜從門外端進了屋內，主人也準備了藏人的青稞酒，再配上室內百年老舊陳設，和頭頂上掛的那顆黃燈泡，形成了電影情節中導演精心安排出的一個場景。

那是一頓沒有盡頭的晚宴，每個人在青稞酒微醺之下心門全開，無話不談，畢竟這裡是天涯海角，沒有一個人等一下有事，紅塵已被香格里拉拋在九霄雲外，我相信很多人一生都沒有吃過這種氣氛的晚餐，這即既無法安排，也不能重演。

酒過三巡夜深人靜之後，吉他上場了，土爾遜是個很棒的吉他手，他把唯吾爾民族音樂用吉他來詮釋，在屋內氣氛推波助瀾之下，琴聲進入了一種梵音狀態，從在座的人神韻中，可感受到此刻靈性取代了人性。事後連他自己都說：那些琴音不知是怎麼彈出來的；我相信！人在靈感來的時候是可以昇華到另一個境界，但可遇不可求。

再來就是阿格的彈唱，他是個創作藝術家，當時在三義有個工作室，設計一些空間裝置的藝術品，他的音樂很特別，因為他唱的歌沒有歌詞，也沒有歌譜，全憑靈感而發，曾經還出過一張ＣＤ，不用說也知道，這種ＣＤ是很難賣的。不過當晚氣氛和這種彈唱方式倒是很搭，總算英雄有用武之地了，大家也都聽得很嗨，聽他的歌倒是會令人產生一種感覺：想再多喝兩杯。

再來接著就是我的音樂：西洋老歌、校園民歌、甚至鄧麗君的月亮代表我的心……全都上場，當唱到「橄欖樹」，頓時大家都鴉雀無聲，此刻屋內時間似乎停住了，因為那是歌詞意境道出在座每一個人的心境：不要問我從哪裡來，我的故鄉在遠方……

夜越深，心情越激盪，我實在忍不住就衝到戶外，站在古老的石板路上，雖然寒氣逼人，但是我就是不想離開，四周空無一人，萬籟寂靜，看著高掛在喇嘛寺上空滿天的星星，我一生的情緒在此刻全湧而出，我開始大哭，那不是悲傷、也不是法喜、是一種無法形容的狀態……情緒逐漸平復後，我聽到內心有個聲音：「真」，就是一個字，擦完眼淚後回到溫暖的屋內，阿格見狀拍拍我，一切盡在不言中。

坐不到多久，情緒又湧上心頭，我不得不再次衝出去，因為一個大男人坐在一桌人前面哭是很難看的，這次我聽到了另一個聲音：「原諒所有的人」……回來後這些年「真」這個字我進步了很多，但「原諒所有的人」這句話我至今難解。

天下無不散的筵席，都快深夜三點了，女主人幫我們叫了一台出租車，坐回松贊林寺旁的客棧，但是過了寺廟後那條唯一的爛泥路怎麼試都過不去，只好折返城裡，外面實在太冷了，不找個地方住我們四個肯定會被凍死。好心的司機把我們帶到一個類似工寮的房子，走出來一位婦女收了房錢後，把我們帶到一間又髒又破的房間，裡面有張木板的大通鋪，上面放著一堆又髒又破的被子和床墊。大家很有默契，實在是太累了，衣服都沒脫就蓋上被子睡，此時保命勝於一切，什麼叫做從天堂掉到地獄：此刻就是。

過了二天大伙兒來到麗江，但我感冒了，這是代價，但我心甘情願，一點都不後悔。這段經歷換做任何一個人在他一生中都不可能忘掉，肯定是最精彩的一段章節——這就是我重返香格里拉的緣起。

回來之後的某一天，忽然又想到那神奇的深夜，有感而發寫了一首只有我看得懂的詩。

名為：小菜咖啡的深夜。

真與原諒所有的人 不可思議的觸動在深夜發生

兩次衝出戶外 展望群星

隱約的藏廟 冰冷的寒氣

凝靜的巷道 萬籟無聲

獨自一人 百感交集 融為一字

此刻的我是此生的匯集 天人合一 字由心發

別忘了

紅塵再洗 洗不掉小菜咖啡的深夜

小菜咖啡的那一夜

目次 | content

4 如果在天涯海角有個夢境

6 關於 周天興

10 推薦序 一

13 推薦序 二

18 作者 序

22 緣起 小菜咖啡的那一夜

34 第一章 好心的租車店老闆

38 第二章 玉龍雪山下的石頭小村

46 第三章 等待

52 第四章 好事多磨

58 第五章 天人合一

64 第六章 古城的石板路

69 第七章 氂牛火鍋

74 第八章 黃色手套的秘密

78 第九章 門都沒有的雜貨店

84 第十章 無言的山丘

91 第十一章 草上飛

96 第十二章 草原上的三匹馬

100 第十三章 草原上的圖騰

103　第十四章　The long and winding rood
108　第十五章　森林裡的移動
112　第十六章　藍月谷
118　第十七章　香格里拉的橄欖樹
122　第十八章　彩色的藏廟
130　第十九章　迷失在深山中
134　第二十章　神秘的黃金球
138　第二一章　藏老的盛宴
142　第二二章　熊熊烈火
148　第二三章　此時無聲勝有聲

154 第二四章 沿途的花絮
162 第二五章 輕舟已過萬重山
166 第二六章 西藏高原的洗禮
170 第二七章 終點的獎盃
172 第二八章 眾神的保佑
176 第二九章 小孩與小馬
180 第三十章 香格里拉賦予摩托車新的定義
184 第三十一章 香格里拉賦予自由新的定義
188 第三十二章 香格里拉賦予生命新的定義

好心的租車店老闆

千里單騎之一

2014 年 10 月 11 日我提著一頂安全帽和必備的行李從桃園機場直飛麗江。出機場叫了一部出租車直奔束河村，找了一間安靜的小院民宿落腳，詢問主人老王後，得知村側門有家出租機車店，我很快找到那兒，但很失望，因為只有電動速克達，沒有我的需求～傳統的打檔摩托車，我只好請老闆幫忙找找看。等了三天終於有好消息，他朋友有一台檔車願意出租，叫我明早去牽。

隔天一早興奮的起床、打包、著裝後，吃了一頓豐盛的早餐，然後開心的去取車。見面時老闆問我要騎去哪裡，我告知目的地——香格里拉。他嚇了一大跳當場勸阻，連一旁其他的工作人員也一起勸，說太危險了，因為沒有人做這種事。還好心幫我規劃安全的行程，說到 100 公里外的虎跳峽附近的景點去玩玩就好了。

當然，那一刻誰也阻止不了，我的心已隨夢想的箭射到遠方西藏高原上了！

玉龍雪山下的石頭小村

千里單騎之二

在東河村等待摩托車的那二天空檔，我租了一台電動機車，在附近鄉間田野到處閒晃。由於這個區域受到一旁玉龍雪山神韻薰染，附近的景色也透顯著山靈水秀之氣。第二天我騎經一個有很多石頭建築的小村，詢問村民後方知：原來這裡和大名鼎鼎的小說—《失去的地平線》關係匪淺。

1922 年美國植物學家約瑟夫· 洛克(Joseph Charles Francis ROCK，1884～1962)由於他有自學漢語的基礎條件，被美國農業部派遣來到麗江考察。這裡的風土人文讓他流連忘返，個性愛冒險的他看到這片人間仙境如獲至寶。自此一住就27 年（1922 ～ 1948）。由於：1923 年得到美國國家地理雜誌資助，得以從一個植物學家衍伸到地理學家和人類學家。

他也把住的石頭小村—雪嵩村—當做美國國家地理學會—在中國雲南探險隊總部，他以此為基地蒐集資料連同攝影照片發表在國家地理雜誌，因而西方世界才知道地球有這樣的地方，也讓人們驚奇不已！

英國小說家詹姆士、希爾頓 James Hilton 就是在洛克的訊息中得到了靈感，於 1933 年在倫敦發表曠世巨作（Lost horizon）《失去的地平線》，「香格里拉」一詞即源自此書。

在我看來：沒有洛克就沒有香格里拉！

雪松村至今依然平靜，不像束河村已失去了當年的寧靜和純樸，洛克居住的小院依舊，我在裡面參觀的時候，還真想碰到此人，畢竟我和他有同好：冒險，他可是我心目中崇拜的偶像。

村子裡有三件事情讓我印象深刻：

一、居民：這裡的居民不受外來遊客的影響，依然過著他們原有的生活，我為他們慶幸。

二、環境：村子裡沒有星巴克，也沒肯德基，外界的商業大軍，並沒有攻進這個小村，我希望當地的政府要保護這裡，要賺錢請到別處。

三、建築：這裡被我形容為石頭小村，就是村裡的建築，例如：馬路、圍牆、房舍……等都是就地取材用石頭和泥土堆砌而成。以美學角度去看是經典，再過一百年依然耐看，看看這些建築設計幾乎都符合黃金比例，格局、動線、也符合人居住的舒適性，道路和公共環境也很有純樸的品味，如同藝術品。誰是建築師？納西族的老祖先們就是～那是他們與天具有的智慧。

洛克的一生和麗江結下了很深的緣份，他的足跡遍佈在這塊土地上的各個角落，甚至在 1936 年 2 月還到昆明租了飛機空拍麗江周遭廣大區域，做了更詳盡的記錄，我在老照片中還看到飛機停在玉龍雪山下的大草原上。

1962 年他在夏威夷臨終前還說：我多麼想死在玉龍雪山上的花叢中，感情之深，令人動容！

等 待

千里單騎之三

第三天一早先到村門口租車店詢問檔車，得到的答覆還是沒有，所以只得無奈的離開，回到住處在客廳看到一把吉他，就拿到院子裡彈彈，打發無聊的等待，此時老王從外面回來見狀，很熱心提到在附近有個朋友的民宿住了一個做音樂的年輕人，問我要不要去串門子，認識一下，反正我沒事就隨口答應一同前往。

繞了幾條巷子，到了一戶不起眼的三合院，中庭還蠻大的，老王大喊了二聲，他朋友出來了，介紹之後，知道來意，很快就去左手邊側院的那個房間敲門，等了一會兒房門才打開，一個年輕帥哥滿臉睡眼惺忪的樣子，這時老王上前打招呼，說明來意，他一聽也是玩音樂又是遠從台灣來的，頓時精神一振，畢竟是年輕人，活力十足，他自我介紹了一番，原來是從山東來的，在束河村住了快一年，為了是在這風水寶地尋找靈感，創作他的歌曲，這些日子裡也完成了一些曲子，特地唱了幾首給我聽，憑良心講，不要忌妒英雄出少年，還真好聽，當然我也回敬了幾首經典國語好歌：美麗的花蝴蝶、變、外婆的澎湖灣和鹿港小鎮……等，他面對我這位老大哥，即使表現一般平常，禮貌上也連聲說好聽。

到了中午，老王的朋友做了幾道家常菜，提了幾瓶啤酒，大夥兒就在院子裡吃了一頓開心的午餐，盡情暢快聊的不亦樂乎！

今天，對我這個在等車圓夢的人，算暫時忘了未知的焦慮，我要謝謝老王，一天才收我 100 元人民幣，還真心誠意的接待我。

好事多磨

千里單騎之四

不聽老闆勸阻，興奮的騎上車，迅速離開束河村。第一件事當然是先去加油，附近不遠處就有加油站。一部沒騎過的車當然先要熟悉一下，感覺它的反應，進而了解性能，何況未來幾天要與它相依為命。不幸！外觀不錯也蠻新的這台輛車，竟然沒什麼力，更糟糕的是很容易就熄火，這使我心情瞬間從天堂掉到地獄，一切都到位時，怎麼會這樣？

加完油後狀況更糟，要不是我有多年的騎車經驗，就得推車回東河村了。但此時我心已飛馳天際之外，除非車完全動彈不得，我決不回去，連詢問車況也不考慮，剛離開時那群人錯愕的表情，已經很清楚了，回去只是自投羅網。

此刻必須到機車行檢查修復！但找了半天只看到一家汽車修車廠，問了再說，總比滿街繞要好。門口有二個年輕師傅正在修車，我趨前請他們幫忙，好心的二人了解後動手查看，但也不知問題出在哪裡。還好他們告訴我附近有一家機車行，我立即趕過去，時間寶貴，我已經開始擔心走不了，如果再拖下去騎到香格里拉都天黑了，經驗告訴我：在寒冷的黑夜中長途騎車，人體可能會失溫，那就完蛋了！

當我找到那家機車行，看到裡面坐著一個位小姐。詢問之下，得知老闆不在，何時回來也不知道，此時只能用「心急如焚」這四個字來形容！再來該怎麼辦？

人生地不熟的我只能憑直覺找車行，一路邊騎邊停，真的很痛苦，左手必須握住離合器，稍有不慎就熄火，由於車子馬力不足，簡直和滑行差不多了多少。慌亂之際，忽見右前方有家機車行，老闆正蹲在地上修車，旁邊還圍著兩三個人，此時乾脆熄火把車推過去，內心雖十萬火急，但我只能在一旁等。

他抬頭看到我的時候問：有什麼問題？我立即告知，聽完後竟然放下手邊工作，走到我的車旁用手按了引擎上方的一個開關後就說：好了，你可以走了！原來是化油器的開關沒關回去，就這麼簡單。

謝謝你！師傅，此刻你就是我的上帝。

再見！麗江，我要去圓夢了……

天人合一

千里單騎之五

在台灣騎車和在西藏高原上騎完全是二回事，那是一個讓你騎三天三夜都沒有紅綠燈的地方，更不知測速照相器為何物，眼前一片海闊天空，道路無止無盡，置身其間人不自在都很難。

趕路和漫遊是不同的，當然我出發前已有定調就是：「只有大方向，沒有細節」。所以早上十點多從麗江出發，中午就過了虎跳峽，再來進入不見人煙的浩翰大山，一路往上爬。除了零星的汽車，機車一輛都沒有看到，在路旁簡陋休息區上廁所時，總會引起他人的好奇。還碰到一對從新加坡來旅遊的夫妻，彼此聊了一會，他們是台灣人，因工作住在新加坡，對我這種行徑似乎覺得不可思議，說有機會的話也想一試。

當越往上爬天空就越藍，四周是一望無際的山巒，除了悅耳的引擎聲和耳際的風切聲，整個身心都融於天地，此時，我在紅塵的一切壓力和重擔都隨風逐漸拋掉，最後只剩下原本的自己，而不是一個被社會扭曲過的自己。

台灣地窄人稠，要享受在大自然裡悠遊自在騎車，往往只是一小段路程，騎不了多久就有人煙，很難盡興，除非去遙遠的東部，才有遼闊的空間。而在騎往香格里拉無止盡的路上，是我此生第一次接觸到有「海闊天空 任君遨遊」的環境。這裡隨便你，大路不過癮還有小路；小路不過癮還有草原；草原不過癮還有山丘，菜色豐富，任君品嚐，你不會受到任何威脅，你可以決定你要的速度和方向。

此時：天地為你所擁有，此刻：天人合一。

古城的石板路

千里單騎之六

天黑前終於騎到了香格里拉，感覺有點像西部片裡荒野大鏢客從荒原沙塵中策馬入小鎮時一樣，只是腰上沒掛著槍，也沒有人站在路邊瞄我，隨時準備火拚的那種場面。

首先我必須要找住的地方，於是詢問了路旁的一對父子，這個圓圓大臉小孩真可愛，他也對這個像似外星人的怪叔叔投以好奇眼光。得知我想住宿的古城方向後，就立即前往。有趣的是到了古城後柏油路不見了，地面都是高高低低的大塊石板，和我在歐洲老城裡走的小方塊石頭路完全不一樣，還好我騎車的平衡感很好，不然很容易就滑倒。

很快就找到了一間有院子的客棧，此時正逢淡季，所以一天才 180 元人民幣。不過我的摩托車只能停在門外，老闆要我放心，說沒人會偷，至於為何，我就沒多問了。

在客棧的那幾天，偶而會和來自各地的旅人聊聊，每當有人問到我是怎麼來到香格里拉的時候，對方的反應都覺得不可思議？不過碰過一兩次這種場面，很快就習慣了，我有一組標

準的回答內容，有點像在放錄音帶……

香格里拉老街蠻有味道的，因為那不是為遊客而建，那是他們久遠以來生活的地方，所以在這裡我可以感受到藏人的生活氣息。當然還有一些外地人愛上這裡，就在這裡開店生活，我在這些人身上感受到他們共通點是：迷戀桃花源——也就是說他們不願再離開這裡了，還好我雖迷戀，但家有妻小，時間到的時候，我還是會離開。

云·P
76157

城阳光客栈

氂牛火鍋

千里單騎之七

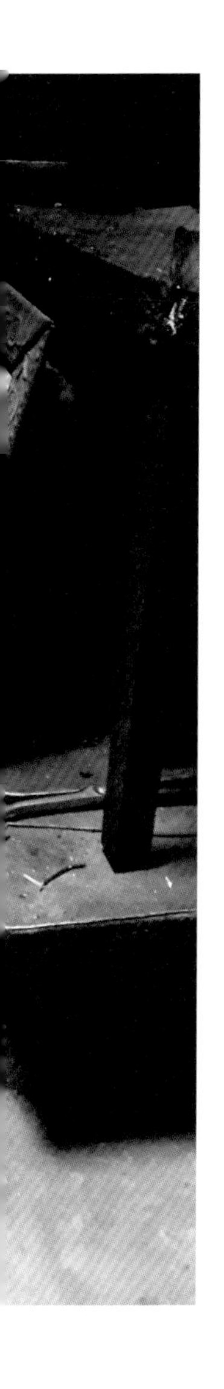

十月下旬的香格里拉（高度約 3500 公尺），到了晚上是冰冷的，你可能不知道高原上氣象報告是無用的，因為那幾天我的體驗是：氣溫在一天之內可經歷春夏秋冬，說變就變，從零下到二十幾度都有可能，這也是在高原上長途騎車面臨很大的挑戰。

話題回到我的晚餐，當住宿安頓妥當後，就出去找吃的，在客棧附近的巷子裡，看到一間昏暗賣火鍋的小吃店，詢問老闆後得知：他賣的是氂牛火鍋，還自稱是這裡最好吃的，我一輩子沒吃過這種牛肉，此時又餓又冷又累的我顧不了他說什麼，就走進去了。

老房子裡擺著幾張矮桌，有點像我們台南度小月麵攤，大家都坐在小板凳上。他用的是燒木炭的老銅鍋，還有一根小煙囪在冒煙，所以屋內感覺很溫暖，空氣中飄著氂牛火鍋的香味。湯底是用蔬菜和不知名的一些配料混合在一起，切的像桂圓大小般的肉塊舖滿在上面，不是我們習慣的火鍋肉片，咬起來硬硬的不怎麼好吃，不過肚子餓了也不會挑剔；店裡的火鍋只有一種大小你沒得選，不管你幾個人吃，最後的結局就是：拚了命吃也吃不完。

剛到的我也很好奇：這裡有些什麼和我一樣的旅人，會來到那麼遙遠的地方，這個空間除了他和他太太、女兒忙進忙出，四周坐著有各國的人，像是個文化融爐，大家和我一樣，在這個老屋中享受著寒夜中溫暖的氂牛火鍋。

黃色手套的秘密

千里單騎之八

格里拉欢迎您
Welcome to Shangri-la

在三、四千公尺的高原上騎車，禦寒是前題，想想看，在合歡山上坐著都會冷時，何況是在更高的山上以 80 公里左右的速度前進，情形會如何？稍有不慎就可能失溫，後果會很慘！所以要在西藏高原上騎車，關鍵在看不見的地方該穿什麼，我要把這個經驗分享給讀者們，好！我先說說裝備：

下半身

一、要穿鋼頭中統皮靴（打檔久了大姆指才不會受傷、不慎摔車時也可保護腳踝）。
二、厚棉襪。
三、厚衛生褲。

上半身

一、厚衛生衣。
二、厚純棉襯衫。
三、厚純棉 T 恤或毛衣。
四、防風防雨的外套或皮衣（勿緊身、須伸展方便）。
五、圍巾和便帽。

頭部：在高原上長途騎車頭部負擔非常重，為了你頭部的舒適，你必須買一頂一萬元左右的日本原裝全罩或半罩的安全帽，一般安全帽的舒適效果差很遠。我要特別提醒讀者：這裡不是台灣，你面對的是不可測的高原環境。

最後就是手，當你的手部凍僵了就無法再騎了，所以，我除了皮手套（因為會透氣）所以在麗江還買了一雙洗碗用的塑膠手套戴在裡面(完全密不通風)，這就是「黃色手套的秘密」。

我特別舉例手套就是在強調保護身體要注重細節，這和我的行程：沒有細節，是極端相反的，我認為只有在嚴謹的裝備保護身體之下，才能享受的到探險過程，整個旅程中我也證明了這點。

最後我要再次提醒有心一試的朋友們，肉身是很脆弱的，要享受冒險樂趣又想要全身而退，為了不讓家人好友們擔心，請依照我的裝備經驗，切勿自以為是，敗興而歸。

「門都沒有」的雜貨店

千里單騎之九

在高原上便利商店是天方夜譚，在這片鳥無人煙的大地之中，能找到一家小雜貨舖就算奇蹟了！

到達香格里拉的隔天，一早我就離開城區騎往高原的深處，經過一片大草原，旁邊還有一個清澈的大湖，此景吸引我貼近一窺。眼前所見：一碧萬頃波光粼粼，天光雲影倒映水面，清冷涼風拂過周身，實在太美了！此時我又變回貪玩的孩子，不知不覺忘了時間，直到又渴又餓才發覺不妙，必須離開這個天堂，找到回人間的路。

騎了很久，一路仍無人煙，心急之下忽望遠處有個小村莊，催緊油門騎進去察看，終於出現一個很像雜貨舖的地方，門口坐了一老一小，於是我立刻下車詢問，果真有賣東西，太令人歡喜了！但真奇怪，買東西只能透過一個小窗口，好奇的我也不方便問，此刻只要有水喝有餅乾吃就很滿足了。不過這位老兄對我這個外人份外親切，得知我是從台灣來的更是問了我一堆遠方的事，言語之間，我在他身上感受到藏人虔誠的信仰，因為只要提到藏傳佛法，他的手就放在左胸的心坎上，神情流露是如此的真誠，我永遠忘不了和他坐在小板凳談心的短暫時光。

臨走的時候，他特別交代合照相片下次來的時候要給他一張，至今三年多，我洗好的照片一直擺在身邊，期待下次相逢時，親手交給這個朋友，再給他一個熱情的擁抱。

無言的山丘

千里單騎之十

每天早上出發前我會決定往哪個方向走，至於目的是何處？

～沒有～

香格里拉城區和附近景點是大部分遊客的目的地，車程都約在半個小時之內，除此之外就杳無人煙。騎進一片未知，就是我每天的行程，導航這件事根本不存在，我連手機也沒帶。

ＯＦＦ ＲＯＡＤ和大馬路對我而言都一樣，會吸引到我視線的地方我就騎進去瞧瞧。有一天快中午的時候，我在一片寬闊的大地上漫遊，看著前方，陡峭的山壁配上剔透的藍天白雲，真是美！於是想靠近觀望，順道拍幾張照片，當接近時發現山腳下是一個土石山丘，高高低低的，此時腦際浮起個念頭：騎上去，說來有些冒險，因為無路可上，坡度又很陡峭，對特技車手而言，肯定是個表演的好舞台，但是我就得小心了，屬羊的我——前世應該是隻山羊，我的直覺就是想騎上那個山丘，還好我的平衡感不錯，玩興大發的此刻，也顧不了那麼多了。

我先下車觀察四週地形，選擇一條最適合爬坡的起點，再沿著陡坡爬上山丘的至高點，確定可以一試後，再下坡走回路面，發動車後，往後退約 50 公尺再加足馬力慢速前進，快到起點時打回一檔，用最大扭力往上爬，此時雙腳要打開，隨時

QM200

在車傾斜時觸地平衡，維持不倒，身體要放鬆軟，雙手握手把時，才有柔軟度控制劇烈抖動的車身；加油則全憑直覺，但必須維持引擎運轉時的最大扭力，千萬不能碰剎車，只要一煞車就會倒；雙眼全神貫注前方地面，同時用眼睛的餘光注意周遭狀況，此時不能猶豫，必須勇往直前，一氣呵成；最後，終於上到了山丘頂的平台，總算鬆了一口氣。

冒險是有代價的，車停妥後定神放眼前方，遠方有一棟藏式建築，座落在這片大自然中，和天際混搭在一起真美，從這個高度看，和剛在地面上看大有不同，十月正逢楓紅，山丘上的楓葉正好是我相片中最佳女主角，無論是旁邊的山壁或前方的大景，都相得益彰，當然也不會忘記給自己拍照留做紀念……稍事休息後，就得離開了，又是一番折騰，終於回到的地面。

這是千里單騎最驚險的一幕，導演沒錢請特技演員就自己演，換做今天要我重來一次，我肯定不幹了。

草上飛

千里單騎之十一

SUZUKI 有一款 249cc 的越野摩托車叫 AROSS GRASS 約十年前在台灣上市，取名為「草上飛」，由於性能好、外觀美，所以至今二手車仍然搶手，一台還要十幾萬元，有此身價、除了是台好車，當然取了個好名字也很重要。但仔細去想；這個名字在台灣還真無用武之地，因為根本找不到草來飛，如果能把它運到香格里拉那就如魚得水了，想怎麼飛就怎麼飛。

草原上騎車和柏油路是二回事，聽說當年上海百樂門大舞廳的舞池是舖著有彈性的地板，目的是要舞客手抱著艷麗舞小姐的時候，腳下踏起來是柔軟的……在我的感受，香格里拉草原就是摩托車的百樂門，唯一的差別是大了千萬倍，當你不受限於一個小舞池的時候，就可以在無際的草原上盡情飛舞……

輪胎在草地上滾動的時候，回饋給我感覺除了身體上的舒適，在心情上也像草一樣的變得更柔軟。習慣在灰黑柏油路上開車的你，如果眼前轉換成一片綠色的草原，你會感覺如何？這就是我把當時感受分享給讀者的一個畫面。

我認為在草原上騎車，不是在馬路上追求速度的快感、正巧相反，因為要在機車上享受草原風光，慢比快好，我所說草原上的三匹馬就是這種概念，除了那二匹在吃草的馬，還有我這台「鐵馬」，結論就是：你要把車當馬來騎，飛奔並無不可，但走馬看花不是更輕鬆愉快嗎？

至於在技術這方面，確實需要一些經驗，由於輪胎在草上是沒有抓地力的，所以要靠低速檔的扭力來穩住車。我騎車的時候大都是介於１～３檔之間，至於煞車、盡量少用，因為很容易打滑，導致摔車。

在交通擁擠生活中的我們，剛騎進草原時會不會習慣，因為沒有可依循的馬路，面對這片無際的草原時甚至會想：這樣可以嗎？這裡可以任我隨便騎嗎？這就是長期受制於各種約束的自然反應，此刻，你應該聽聽眼前這片草原對你的呼喚：

歡迎你，你可以放下一切重擔，騎著你的車在草地上，盡情遨遊，所有的社會規範在這裡都不存在，你可以完全的做你自己，雖然只是短暫的片刻，但可以陪伴你到永恆。

草原上的三匹馬

千里單騎之十二

很多人把旅行安排的很精密，所謂精密就是行程緊湊，事前研究景點，哪些吃的玩的是網友評價必到之處，錯過會終身遺憾……等等。我卻相反，什麼都不想知道，就像看電影，當得知某部有名的好片，就憑我的直覺走進戲院，我不想在事前知道任何劇情，想想人生不是如此嗎？如果想提早知道他此生故事為何？即便去算命，也不見得準！

所以我就把香格里拉當做電影院，這部片子是我自導自演，只知片名叫：《香格里拉 千里單騎》，但不知劇情發展為何？草原的出現就是一幕戲，我的鏡頭在無邊的草原上奔馳，這是香格里拉送給我的禮物，人生最大享受莫過於此。我曾想過一個問題：當你跟別人形容有多好玩，那並不是最好玩的，當你用語言都很難去描述有多好玩的時候，已深入到自己的心坎了，那是一種神會——即所謂：只可意會，不可言傳。

有一天在草原上看到二匹馬，我沒有去驚動牠們，這裡原本就是牠們馳騁的地方，我只是過客，當然不可以喧賓奪主。

回頭看東河村，為何我選擇住那裡，就是因為十五年前第一次到麗江時，朋友帶我們去走走，那是一個靈氣逼人的千年老村，小小池塘冒出的水竟然是貫穿全村大水溝中豐沛流水的源頭，千年不斷，家家戶戶臨水而居，過著安祥寧靜的日子，這個畫面令我感動，也令我著迷。隨著大環境的改變，東河村也變了，十五年前的她已不復存在，一個有靈氣的純樸清秀村姑已濃妝艷抹，雖如此，但是我實在忘不了第一次的印象，所以還是去那裡住。

再回頭看這片草原，這二匹馬，我只能祈求上蒼，永遠都不要去驚動牠們，一個東河村已經夠了。

草原上的圖騰

千里單騎之十三

只要你在「巴黎鐵塔」、「羅馬競技場」或「萬里長城」前拍照，人們都知道你在哪裡，但是你去香格里拉怎麼拍，也分辨不出來你是在香格里拉，除非你到城門口有地名的大牆面前拍。

不過我在高原遊走的時候，看到有一些很突顯的龐大乾草架，座落在草原上，如果你在這裡拍照，一眼就知道你在香格里拉旁的大草原上。但是我不知道那是什麼草？為何要這樣架起來？要用來做什麼？後來問了客棧老闆才得知那是藏人為了乾冷的冬天做準備，把草原上收割的牧草掛在木架上晾曬，做為冬天牲畜的糧食。

此外牛糞也是燃料，做為燒木材時的「火種」。牛油用途更廣，酥油茶就少不了它，至於牛肉、牛皮的經濟價值就不用我的贅述，這裡養的都是犛牛，那是藏區特有的一種牛，全身都長滿了長毛，在酷寒環境中因長毛才得以禦寒生存。

講到犛牛，就聯想到西藏，只要看到草原上的大乾草架，就知道那是犛牛冬天的食物。

The Long and Winding Road.

千里單騎之十四

「德欽」是一個令我既好奇又嚮往的地方，所以有一天我就決定一窺究竟。

早餐後裝備整好就騎上我的「鐵馬」，興奮的出發。一路走走停停，不是車有問題，是景色太美，捨不得全速前進，何況我定的步調是「絕不趕路」不是很多人都說：過程比結果種要嗎？所以我不願鎖定我到過德欽，果真，結果就是我沒到德欽。

光是經過那遍宛如天堂般的草原我就不願出來了，沿途的誘惑太大了，一口氣趕到德欽就太對不起造物者的這幅巨作。

離開香格里拉古城不到半小時就荒蕪人煙了，汽車也越來越少，更別說摩托車，一台也沒看到。這是通往西藏首府拉薩的國道，路修的很好，比美我們高速公路，沿途山勢雄偉秀麗，毫無令人畏懼的疏離感，對一個騎著機車曝身於四周環境的騎士而言，是享受的極致；秋高氣爽的那幾天又逢天公做美，晴空萬里，高原上的天空和平地上看的感覺完全不同，我要用四個字形容：晶瑩剔透，清新的空氣更是都會空污夢魘者的渴望，鳥語花香也隨侍在側，要不是家有妻小，我真的不願回去了。

當天下午四點左右我騎到了一個大轉彎處，看到遠方

的路像似剛壓出來的麵條曲折綿延落在層層無盡頭的山脈中，這時令我想到披頭四的名曲：「The Long and Winding Road。」

此時我打住了，因為周著無人詢問，光看眼前就不知要騎多久，盡頭的那一邊又是什麼？我終於知道什麼叫做「入藏」，真的是遙遙無期，不知所終，怪不得文成公主嫁到西藏要走半年多。

我不敢再冒險前進，只要出了一點狀況就完蛋了，譬如：車沒油，天黑摸不到路、氣溫驟降……等，到不了德欽，我誰都不怪、就怪沿途景色太美了。

森林裡的移動

千里單騎之十五

當騎在車上面對空無一人的層層山脈，除了眼前這條大道（香格里拉通往西藏的國道），兩旁的小路也不時吸引著我，因為沒有行程安排也沒有目的地，所以和趕路是截然不同的心情，騎車方式自然也不一樣，明確講就是在漫遊，看看有什麼不期而遇的人事物，可以相互激盪出燦爛的火花，快慢則隨我心情，周遭美景像後宮三千美女任我挑選。

有一次看到路旁有一片寬鬆又整齊的森林，雖然望去感覺有些微的高低起伏，但我還是毫不猶豫騎進去了。第一眼看到的場景是：陽光從樹梢上撒下來，像舞台上的水晶燈，照著滿地的落葉，無止盡的樹幹矗立在森林中，整遍看過去很像我小時候第一次看到的萬花筒。

此時，我只用一二擋最慢的速度移動，我不敢打擾這裡的山神，那是不禮貌的。此刻，機車也變成森林中的小動物，緩緩的移動，似乎不敢驚動附近的大野獸，這不就是動物自我保護的天性嗎？

至於我，只是這片森林中的一部份，內心深刻的體驗到，人和自然應是共存共榮的。

當你不斷被自然洗禮，一層層脫掉紅塵的包袱之後，原本的自己就慢慢浮現出來了，與其在人世間尋訪大師解答生命中的疑惑，不如在這片森林中聽聽自己內心的聲音，到底誰是大師？此刻揭曉！

藍月谷

千里單騎之十六

香格里拉一詞源自於「失去的地平線」一書，英文原著叫做：《LOST HORIZON》，香格里拉並非藏區原有的一個地名，當香格里拉一詞成為普世人們認為世外桃源的代名詞後，1996 年一批官方的考察團在雲南藏區的高原中，尋找最像書中所說的這個地方。1997 年 9 月雲南省政府在迪慶州府中甸縣宣佈：「舉世尋找的香格里拉就在迪慶」。2001 年 12 月 17 日中國國務院正式批准中甸縣更名為香格里拉。

「藍月谷」是書中所描述的人間仙境，如同陶淵明寫的桃花源一樣，令讀過的人神往不已，我在高原遊蕩的某一天中午，好不容易在空無一人的路上找到一間賣吃的人家，我看到他們廚房有很多土陶鍋，詢問後得知是在附近山谷下面一個小村居落居民所做的。於是我順著店家的指路前往，機車不斷環繞著山路往下移動，果真在山谷底看到一個小村莊，此時下車環顧四周，令我驚奇的是和書中所描述的藍月谷是如此神似，

尤其抬頭往上看，天空幾乎被山谷畫成了一個大圓形，此刻我內心激動不已，人世間還有這種地方。

村中寂靜到只聞雞犬聲，好奇的我就在村莊裡四處遊走…終於見到有幾個坐在路旁樹下的婦女，像是工作後休息的樣子，撞見這一刻，彼此既驚訝、又欣喜、也不知道該怎麼反應，此刻的我又和外星人沒什麼兩樣，還好有溫和親切的外表，她們很快就接受我了，還採了一顆路邊的蘋果給我吃。

當我坐下閒聊時，他們好奇地問我從何處來，我說台灣，她們相互靦腆的看一下，沒人知道那是什麼地方，但並不重要，倒是彼此聊了一些有趣的事情，不知不覺中時間已晚，我在不捨的心情下離開了，臨走的時候，她們並沒有像桃花源記裡村民說的那句名言：不足為外人所道也！

回到台灣後，我偶而會想到這裡，懷念的是它與世隔絕的純樸，我打從內心祝福這個山谷永遠不要被紅塵所染。

香格里拉的橄欖樹

千里單騎之十七

去年（2017）十一月我到葡萄牙自助旅行，在里斯本古城的小巷裡看到一間文創小舖，店中央擺著一把吉他，詢問那位文青老闆得知：會彈一首折一歐元，我當場彈了十幾首，他說不用打折了，這二樣東西送你，一本精美的里斯本畫冊，和他父親演奏的葡萄牙民謠ＣＤ，所以會音樂的我在各地旅行時碰過很多有趣的故事，話題回到香格里拉……

十月古城夜晚是很冷的，加上昏暗街道的商家多已關門，對旅人而言只能躲在屋內取暖，有一天吃過晚餐心血來潮繞到另一個小區，忽見有一家燈光很特別的屋子，門面氣氛和環境似乎不搭，我好奇的走進去，哇！裡面竟然是另一個小世界，好像走進了巴黎小酒館，老外、漢人、藏族、韓國人、日本人……像似國際青年旅館的客廳，和古城的反差很大，還沒回魂過來，文青氣質的老闆過來招呼我了。閒聊後得知，他也是「迷戀桃花源」的成員之一，來自內地，租了這間百年老宅後，整修成一間音樂酒吧和背包客棧，還提供免費住宿給藝術工作者，讓他們在香格里拉有個可供創作的窩，也不用擔心吃住的問題；如果說這些話題是在上海蘇州河畔的老倉庫是一回事，但這裡是遙遠天邊的香格里拉，由此我更了解到中國的文化人是無所不在，根基也紮得很深厚，我由衷欣賞和佩服眼前的這位真文青。

當他得知我會彈吉他，就邀我上台客串一首，我當然還是唱十年前在小菜咖啡的成名曲——《橄欖樹》。再來現場的朋友們就不讓我下台了，此時有種「相逢何必曾相識，同是天涯淪落人」的感動，我怎麼也沒想到白天還在深山裡探險，晚上會在巴黎小酒館唱歌，於是我又唱了，《Blowing in The Wind》、《Let It Be》、《Take Me Home Country

Road》……等一些大家都耳熟能詳的歌，又是一個音樂無國界的夜晚——四海之內皆兄弟。

備註：

一、在台上彈唱的時候，他們還拍了一張照片，給我做為留念。

二、當夜深人靜離開酒館走回客棧時，也被人從背後拍了一張照片。

彩色的藏廟

千里單騎之十八

唯一的一次早餐後沒去騎車，就是我去了藏廟。它的位置是在古城旁的小山丘上，是個制高點，可俯視整個香格里拉，可惜下面的舊市區在五年前大火中燒光了，由寺廟往下俯瞰一片光禿。不過，有些零星的房子在重建了，想必下次去時又是一片榮景。

慶幸的是當初大火未延燒到寺廟，因為它建在小山丘上，這也是他們老祖先的智慧，如果在平地上，那損失是無法彌補的，因為整個寺廟在我眼中是個藝術品，也是這裡居民的信仰中心。

從我住的客棧走出去沒多遠的地方，就是寺廟的入口處，沿著階梯往上爬就可以到達寺廟的平坦區域。首先，進入眼簾的就是強烈鮮明的各種顏色，這和我看過的各種圖像都不一樣，它有絕對的風格，一看就知道那是西藏。顏色和一個民族似乎有一種象徵性的連結，譬如：英國的綠、西班牙的紅、希臘的藍、巴西的黃……等等，這些呈現是民族性與文化衍生出來的。而喇嘛廟外觀和環境最吸引我的地方，就是它豐富大膽的色彩，我去過很多國家，但是沒見過如此鮮豔的配色，呈現在建築的外觀、圍牆、旗幟、圖騰……等，只要在寺廟周遭，色彩無所不在，像似荷蘭鬱金香市集，繽紛的各色花朵百花齊放，令人賞心悅目。如果換一個場景，日本的禪寺：一片幽靜，灰黑色系純粹的色調，細緻的建築和簡約空間裝飾呈現，那是完全相反的兩種展現，這並無分高低，只是反射了民族性的不同，即所謂：一方水土養一方人。

因此，我仔細探討這些色彩的背後是什麼？

我認為藏人豐富的色彩是從天地學來的，他們生活環境和天地之間關係是融合在一起的，沒有紅塵一切的干擾，所以他們把天地看得清清楚楚，天空這塊大調色盤，任他們取用，大地這片水彩盒也任他們塗鴉，他們可以在毫無遮掩的視覺裡看透這個世界原本呈現出來的顏色，而我們所看到的顏色大都是由人所創造出來的，這是最大的不同。

所以當我在藏廟被所有顏色震撼到的時候，其實也是被天地震撼到了，如此而已。

迷失在深山中

千里單騎之十九

在高原闖蕩的那幾天，我選擇的方式是住在香格里拉，然後每天早上後出巡，天黑前回來，至於方向是不重要的，因為天堂是不分路段好壞的，四處皆美，只要不重複就好。

今天，我選擇了一條有高山湖泊的地方位在中甸，這是客棧老闆告訴我的，但他也沒去過，只是聽說，這更令我好奇。到了中甸後看到路邊有片草原，盡頭有個小村落，於是騎入草原，進村詢問，好不容易看到一戶養犛牛的人家。裡面的人聞聲後出來（照片中的這位老兄），回答了我的問路，既疑惑又勉為其難地說：在前方小路左轉上山一路往上爬，碰到第一條岔路後右轉，一直再往上爬就可到達。

當彎進小路後，上坡的路更難走，又窄又陡峭的路面全是泥土和碎石子，而且還是坑坑洞洞的。這應該是給馬在走的山路，此時這台濟南摩托車廠生產的越野機車，反而見獵心喜，這不正是它要的舞台嗎？我從未騎過大陸製造的機車，這幾天成了試車員，越野車不就是為了這些惡劣的環境而設計的嗎？康莊大道就留給偉士牌吧！當然我也要給它最高的評價，因為它勝任了各種的路況！

話說回來，越騎越高，忽見前方有岔路於是右轉，又是無止盡的往上，當你身處此情境的時候，已無路可退，必須勇往直前，不揭曉答案心不死，終於出現了……不是傳說中的湖，而是一條平整的小路，此時往前一看豁然開朗，太美了，層層山巒盡收眼底，此刻的我，把車停下坐在路邊，從包裡拿出一顆蘋果邊吃邊享受眼前美景，至於湖泊就算了，因為此刻我已迷失在深山中。

神秘的黃金球

千里單騎之二十

接下來的這幕，完全是電影情節：我邊咬著蘋果邊欣賞眼前這片壯麗的美景時，一個直覺回頭一看，有個人從路的左邊走向我，靠近時我看到是一位慈祥的藏族老人，腰間還掛著刀，眼神交會的那一刻，彼此都給了對方會心的一笑，誰會料到這一幕會發生在 4000 多公尺的深山裡。

寒暄了一下，他說這裡確實有湖，至於在哪裡我還是聽不太懂，不過也不重要了……原來路旁小路上去就是他家，他邀請我到他家喝酥油茶，我一口答應，我早就對這種藏人每天生活中都要喝的茶好奇不已，只是沒機會親眼目睹他們是如何做出來的？喝起來又是什麼滋味？但最重要的是我可以深入藏人的家，一窺他們真實的生活樣貌。

要上去之前，我們合照了二張，回來一年後我在台北師大路的一個小書店看到一本書「解讀黃金球的靈性能量」內容滿神奇的，就買回去看，由書中得知：透過照相科技可將能量轉換成可見的黃金球，且稱：黃金球出現的位置絕非偶然，足夠的證據顯示，黃金球為靈性發光，書中還穿插一些照片來印證所言屬實，例如出現在：教堂、婚禮上、古老的房子、唱聖歌的人、靈修的聚會、遊輪上船長說話的晚宴上……等等，依作者分析：黃金球會選擇最美好且適合的情況出現，我突然想到和藏老的路邊合照，當天陽光普照，為何二人中間有一團霧，霧裡還有黃金球（不止一顆，有大有小）、當初看了這張照片還以為相機有問題（我帶的是一台 Canon G12 數位相機），所以不以為然，現在似乎找到答案了，我猜可能是山中的小精靈，也想來參加這場溫馨的酥油茶盛宴吧！

QINGQI

藏老的盛宴

千里單騎之二十一

跟著藏老的腳步，沿小路而上，爬上去一看，原來是一個養犛牛的小牧場和一間老木屋。

走進老舊的木頭屋內，迎面是她的老伴坐在火爐旁。此時我想起曾去過西藏的朋友告訴我，藏人家中都有一爐終年不滅的火，而且是由家中最長輩的婦女所顧，果真如他所說。她看到我時並不驚訝只是投以溫馨的微笑，表情好像媽媽看到孩子回家一樣。當我坐定後，好奇的看著屋子裡的一切，這是另一個世界，室內的木頭全被煙薰得黑黑的，棉被床墊都擺在火堆旁的一角，另一邊則堆滿了雜物。由於只有火光和木板隙透進來的微弱陽光，所以我看不清楚是什麼東西。空氣裡充滿了木柴的煙味和五味雜陳的古老味道，這種組合出來的氣味是我嗅覺從未有過的經驗，所以我這支筆也不知該如何來形容。

緊接著重頭好戲要上場了，那就是開始做酥油茶。眼前的這些製茶道具讓我很訝異，但是我必須裝著若無其事，那是禮貌，因為這些器皿都有一層厚厚的垢，我告訴自己：今天只要你端給我的酥油茶我都會喝下去，因為我內心有個強烈的聲音，超越眼前一切的髒，那個聲音就是：

我要好好珍惜這個機緣，徹底感受這場酥油茶盛宴！

熊熊烈火

千里單騎之二十二

盛宴的第一幕是：更多的木頭放進了火堆，眼前展開了一場森林火舞，隨著木頭的燃燒，舞姿更曼妙精彩，夾帶著木材爆裂的聲音，像是電影配樂，彷彿形成了一個特殊能量場。

首先登場的是青稞做的窩窩頭和馬鈴薯，放在火堆旁燒烤，再來是一個鋁製的盆子，燒了一盆水，滾燙後用來洗喝茶的碗，同時還燒了一壺泡茶的水，沖泡的過程像在進行一場儀式，他們夫妻倆忙著準備，我則靜靜的一旁欣賞，也隨手錄影和拍照，因為我的直覺告訴我要記錄下來，過程大致如下：將茶磚放入開水煮，再從瓦罐中取出金黃色的氂牛油，用他腰間鋒利的刀切成小塊，再將燒滾的茶水、氂牛油和一點鹽放進一支老得發亮的竹筒，然後用一隻攪棒在筒內上下抽動，動作就像給腳踏車打氣，既專注且用力，藏老在此刻似乎進入了涅槃的境界，結束時還發出「哼」的一聲，抽出攪棒後隨即將竹筒內熱騰騰的茶倒入老舊的鐵杯中，然後立刻在透過濾網流入碗中，還沒喝就先聞到隨著熱氣飄到我鼻子的酥油茶香，製作的過程對他們而言是一種生活，但對我卻是一場儀式。

不過第一杯不是給客人喝的，而是放到左手邊的窗台上敬神（還好整個過程我都用相機錄下來了）。第二杯就遞給我了，如果你想知道是什麼滋味，我必須誠實的說：我形容不出來，依舊和這個空間一樣五味雜陳，不過我真的用心喝了好幾碗，離開之後，車還沒騎到山下，我就跑到樹林了，畢竟我們腸胃很難適應。

　　最後還要一提的就是山中盛宴的二道菜：火烤窩窩頭和馬鈴薯，在當時的處境下配酥油茶還真好吃，還好有他們用心的招待，不然路邊吃的那顆蘋果是撐不過中午的。臨走時我不知道該如何表達我的心意，翻了背包只有帽子，所以就挑了那頂有我們原住民圖騰的帽子送給藏老，雖然大了一點，但他還是很開心的戴在頭上。

此時無聲勝有聲

千里單騎之二十三

坐在火爐旁我們的對話並不多，除非問他一些我好奇的事，多數時間都是靜默的，只有柴燒聲和片刻的打酥油茶聲。但是我並不感覺需要語言來填補沉默的空間，反而倒是就停留在沉默中就好。那時我完全感受到他的真心誠意，我回饋給他也是我的一片赤誠，這一切都瀰漫在火爐旁，偶而的眼神交會，也傳達了彼此的千言萬語，當時似乎再說什麼都是多餘的——此時無聲勝有聲。

事後我再回想那段經歷，我覺得那是藏人的智慧，是那塊土地蘊育出來的人文氣息，他們才是那塊土地的代言人，我們不要再用物質文明的優勢去看他們，人是沒有高低之分的，只要你想在自己的生命中更上一層樓，你就必須去上這一課，才知道什麼是人生而平等。

回來後我深而有感的寫了一首詩，如下：

藏人 ______ 空

漢人 ______ 滿

滿被空所吸引

空被滿所震攝

滿的功課是空

空的功課是滿

對這世界而言

空滿皆不可或缺

滿能感動人性

空能感動靈性

沿途上的花絮

千里單騎之二十四

一、機車上的婚紗照

在無人的草原馳騁時，忽見遠方有一輛白色小麵包車朝我的方向駛近，停車後下來一對拍婚紗照的新人，彼此都嚇一跳，畢竟四下無人之處你怎麼會在這裡？這個問號自然浮現各自心裡，小聊後得知，他們是從海南島飛過來的，哇！真是有創意，但我騎車的這趟旅程也讓他們驚訝不已，當然這台摩托車就成了他們的意外道具，拍出了最有特色的香格里拉婚紗照。

二、全紅的路邊攤

我騎車經過虎跳峽的時候，看到遠方的路邊有一排紅色，非常顯眼的景象，靠近時一看全是辣椒，各式各樣的辣椒、琳瑯滿目。從麗江一路騎過來都是綠色的大山草原，對後面還有漫長路要騎的我而言，忽見一片鮮紅，頓時精神大振，當然不能錯過萬綠山中一點紅的特色，此時的直覺就是找一攤拍照留念。

在台灣的路邊攤什麼都有賣，但是沒見過這種全紅的辣椒攤，不是嗎？

三、加州來的老兄

路途上偶而要在休息站停車解決一些問題，當然摩托車是醒目的，有些熱情的人會因好奇而趨前詢問，還好我已經有一組標準的回答內容，可自動的播放。但碰到這位來自加州的老兄就比較特別，因為他弟弟也是一位機車達人，他深諳機車文化的多元性，所以聊的特別開心，似乎有一種他鄉遇故知的感覺，所以就拍了這張照片留念。

四、藏人的豪宅

我們在台灣對豪宅的定義是「百坪」，但是我看到有很多藏人的房子，一樓是養牲畜和倉儲的地方，二樓以上才是住家，而且都是以木造為主，至於面積有多大，我從外觀看也分不出來，但是以台灣的住家概念，那是大戶人家，至為何會那麼大，我就沒深入去了解了。

五、石板路上的垃圾車

好的平衡感才能在香格里拉古城騎車，如果你有機會去就會知道怎麼一回事了。但這款三輪垃圾車就不需要技術，是環境的產物，在古城裡跑我肯定贏不了它，但是到馬路上我不用三秒就可以把它甩在後面了，不過這種拼裝車的怪模樣也蠻有特色的，在古城小巷裡穿梭收垃圾，也很實用的，老舊的外觀正好搭配老舊的古城。

六、臥虎藏狗

酥油茶盛宴結束後走出屋外，陽光似乎刺眼，畢竟剛才的火光是柔和的，人還沒站穩就看到有一隻大狗狂奔過來，哇！原來是藏老養的獒犬。在西藏看到西藏獒犬，如同在台灣看到台灣土狗，一定是最純種的，確實雄壯威武，藏老說深山裡有野獸，所以要養這種狗來保衛家園，我本來想建議他找中興保全，聽他這樣說就算了！

輕舟已過萬重山

千里單騎之二十五

大山大水到處都有，西藏高原有何不同？

我感覺不同地方有二。

其一、地理：

磁場是個奧妙的玄學，用文字形容似乎難盡其意。我一生到過之處無以數計，能明顯的感受到各有不同，好的磁場令我心曠神怡，靈感泉湧，差的磁場令我渾身不舒服，也待不住，所以不是有山有水便是美，別忘了還有「窮山惡水」一詞。

我在高原的那幾天，體力、精神都特別好，別說是腎上腺素在發酵，我在那麼多的旅行中就沒有過這種感覺，何況這趟還是全程騎車，我清楚知道是那個神奇的大磁場帶給我身心上的能量，怪不得《失去的地平線》書中那個住在藍月谷喇嘛寺彈鋼琴的漢族少女已經二百多歲了……

其二、人文：

在地球上各式各樣的種族文化中，藏傳佛教文化是有份量的，那是普世的認定，在此無需我的筆墨闡述。第一次到香格里拉在他們的寺廟中，我就感受到藏人虔誠的信仰，而寺院建築和空間所呈現的莊嚴宏偉，更是優久歷史文化底蘊繁衍出來的，那是一股非同小可的大能量，以我這個基督徒，身在其中都會深深的被感動，我認為當「真善美」的純粹在流動時，就超越了宗教。

我兩次去香格里拉都有這種強烈的感覺，至於你是哪一國人，信仰什麼宗教，那都不重要，大地之母擁抱的孩子是不分誰家的。

西藏高原的洗禮

千里單騎之二十六

藏人長途跋涉，匍伏前進的朝聖方式，始終令我難解，之前每當看到這種畫面我都會想：這樣太艱苦了，有這個必要嗎？如今，我懂了：那是一種洗禮，他們是想透過身體受的折磨，洗掉心靈上的業障。

回麗江的路上，我在加油站小憩時，拍了一張照片，那雙原本光亮的馬汀鞋已沾滿塵土，但那雙原本疲憊的眼神卻如此清澈；確實，長期生活在社會的大染缸中，真的累了，為了生存，很難再看到原本的自己——那個曾經天真無邪，無憂無慮的自己，現今的社會並沒有帶給我們歡笑，反而是不希望我們笑的那麼開心，那是一種負能量，但我們身在其中早已麻痺而不自覺了。

遠在天涯海角的西藏高原上，每天騎著車與天地為伍，置身於浩翰的大地上，沒有塵囂絲毫的干擾，視線所及之處，都美到令人窒息，在這種情境下日復一日，我感覺自己似乎也像個朝聖的人，只差在沒有趴在地上，而心境也隨著環境逐漸改變，此時的大師就是自己——自我啟發出原本許多想不透的事，此時也豁然開朗，靈感不時泉湧而出。

由這次的經驗告訴我，遠離自己舒適的窩，到遠方受點苦是有益的，但很多人的選擇是到遠方找個更舒適窩做為旅行方式，沒有對錯、不過，如果你想得到心靈上的洗禮，我的方式，可能是個法門。

終點的獎盃

千里單騎之二十七

四季涼爽的麗江（高度約 2400 公尺），風乾的臘味得地利之賜，特別好吃，所以到處都有臘味火鍋店。

在傍晚時分騎回到麗江時，用「風塵僕僕」這四個字來行容再恰當不過，活到六十歲還第一次有如此深刻的感受，畢竟從早騎到晚，中途不停留，那是需要很大的體力和意志力，因為大部份是在山路中迴轉，所以精神上要很專注，因為：就算你過了一千次的彎，也不能有一個彎過不去，不是嗎？

所以當騎進麗江城裡的時候，心情是百感交集，用言語很難去形容，但似乎有一種大功告成的法喜，人雖然又累又餓，但精神確是很好（在照片上應該看的出來吧）

我在大馬路旁看到一條火鍋街，於是挑了一家順眼的店，找了一個戶外好位子坐下，點了一份臘味排骨火鍋，我還特別把它端在手上拍了一張照片。

因為沒有人頒獎給我。我就把它當做我的～終點獎盃～

眾神的保佑

千里單騎之二十八

在高原上騎車，馬路概念很自然的消失了，草原、森林、泥土、碎石子、甚至山坡、你都可以隨心所欲的進出。因為大部分是無人之地，只要我想往哪裡移動，那裡就是我的馬路，這些不同的環境我都騎進去了，因為此時天地已為你而敞開，任你馳騁，沒有批判、也沒有讚揚、兒時的天真全都回來了，只有爸媽愛的眼神看著我，我什麼都不怕，因為全身充滿了最純粹的愛，那是沒有條件的愛，每當我回神的時候，往往分不出是汗水還是淚水，這就是獨自徜徉在天地之間的那份感動。

回來一年多，才開口告訴身邊的朋友這段經歷，他們大部分問的都是：有加油站嗎？路況好嗎？吃住有問題嗎？輪胎有爆胎嗎？車子拋錨了怎麼辦？……等等，老實說：我當時完全都沒有想到這些問題，現在回想：我是受到高原上眾神的保佑才能平安歸來，確實，只要有一點閃失，後果是不堪設想的。

小孩與小馬

千里單騎之二十九

照片中這個孩子的眼神似乎在擔心什麼事情，他心愛的小馬似也在擔心。

這是我十年前在麗江郊區拍的照片，當時因為在小菜咖啡深夜住工寮而感冒，但是麗江的風光我還是不願錯過，當朋友說要去郊外看馬會交易市集，我抱病也想去看看。

小巴載著大夥兒繞了半圈，進入玉龍雪山附近的一個森林，下車一看，我的天啊！草地上都是馬，我一輩子也沒看過這麼多馬在我眼前。現場有一種特別的氣氛，人們穿梭在馬群之間，品頭論足的在打量馬兒，討價還價聲此起彼落，表情更是形形色色，所謂世間相，在這裡都看得清清楚楚，不像我們在孔子儒家薰陶下所展現出君子風範的一致性；

有生氣的、有開心的、有期盼的、有落寞的……但都是真性情流露，再看看低頭處鈔票付錢和捨不得馬被牽走的人，對我這個都會人而言，像是進入另一個世界。

在人群中走動時，我被一個牽著小馬的藏族孩子吸引到，不是他鮮豔的服裝或一旁打扮可愛的小馬，而是他憂慮的眼神，此時我停下腳步，在一旁靜靜觀察，看看是什麼事讓一個天真的孩子有著大人的憂愁神情，他的身體似乎散發出一種訊息：誰都不准動我的小馬，看了一陣子後，感覺他們是安全的，我才離開，應該是剛才周遭的買賣氣氛讓他不安吧！難怪連小馬都感受到小主人的不安……我當時還隨手拍了這張照片。

現在回想，這孩子現在應該有二十歲了，衷心祝福他們一起快樂地成長，一起馳騁讚他們的土地上。

香格里拉賦予
摩托車新的定義

千里單騎之三十

如果沒有摩托車，就沒有這趟千里單騎，以普世對摩托車的定義是～方便的代步工具，用於日常生活移動上的需求或是輕便的運送。所以租車店老闆聽到我要騎去香格里拉，會如此驚訝，這不能怪他，機車原本用途就是如此，就算休閒也僅止於輕郊遊；至於重型機車那是另一個領域，在此我不做探討。

這台濟南機車廠生產的200CC機車，即不是純種越野車，也不是街車，介於二者之間。我幸運的租到這台老闆借來的機車，說天意也好，巧合也好，就是恰到好處，因為探險那幾天全靠它的運轉，麗江來回長途跋涉也靠它，我和它依賴的關係，從泊油路面的交通工具到山林之間動物性的移動，已經產生了一份感謝之情，因為它不負所託，克服了各種惡劣環境，最終也平安的把我帶回束河村，要不是我住台灣，回麗江的途中我都曾想買下這台車。

摩托車只是一個物品，不像我們人類是有感情的，但是在香格里拉那幾天的探險裡，它超越了造車者賦予它的任務，進入了另一個未知的領域，人也因為透過了摩托車把休閒娛樂提昇到精神覺醒，更明確的講就是：你騎著摩托車但是摩托車也載著你，你們共同完成了這趟冒險旅程。

香格里拉賦予自由新的定義

千里單騎之三十一

人沒有絕對的自由，「只有片刻的自由」這是我在整個過程中體驗到的。

無論騎在草原、森林、山谷、丘陵和延綿不斷的大道上，我內心那個大師不時在湧出想法，腦袋早已讓位，那是自然呈現出來的狀態，只要人拋開了身邊一切，置身天涯海角的陌生環境赤裸裸面對自己的時候，心頭自然會浮現靈感，那時何需用腦，腦是用來在社會上跟人搏鬥用的，不是嗎？

在香格里拉這個靈山上你是無須武裝自己的。

回程漫長的路上，我內心有個很深的感觸，可能是捨不得這幾天在天堂裡的那種自在，不願下凡塵但又必須離開的心境下有感而發：

身為人，有可能絕對自由嗎？

答案是：不可能，說有的是騙人。

小孩子不用回答這個問題，那是天真賦與的自由，但逐漸長大後，就開始逐漸失去自由，成人後面對的人、事、物，越來越重，至老死而不休。

我身邊就有一些看似自由的人，譬如說：單身、有才華、有品味、有經濟條件又懂得生活的人，但我並沒有感覺他們是快樂的，氣色還沒有比要承擔家計的人要好；至於什麼禪修、靈修、開釋、開悟……等，一大堆人在追求的這些，不就是為了想在心靈上得到自由嗎？但他們真的解脫了嗎？

有一次在電視上看到哈雷機車的一個專輯節目，是報導美國哈雷車迷年會，成千上萬的機車由全美各地騎到佛羅里達州的海邊小鎮 Daytona 齊聚一堂，主持人採訪了很多騎士，只問同一個問題，你為何騎哈雷？

得到的是同一個回答：for freedom。

人們為何要追求自由？不就是因為不自由，不是嗎？在這個自由的世代為何還不自由，不是身，而是心，誰沒有俗事纏身，就算是各領域的大師，光鮮外表的背後也逃不掉俗事纏身，只是你不知道，你也不想知道，誰願意自己的偶像像自己一樣有那麼多的煩惱……

如何解脫？

在香格里拉那幾天我體驗到的是：片刻的自由

我已置身天涯海角，雖然現實不會消失，但無須與它同在，功名富貴、生老病死、相妻教子，信箱裡的那些帳單……等等，統統拋到九霄雲外，不是我沒責任心，等回去再負責，有何不可？天邊的那些事，現在操心又有何用……

所以：我在那幾天享受到了絕對的自由，如同哈雷騎士朝聖過程的心裡狀態是一樣的。人的一生中，美好回憶是如此難能可貴，為何不想些辦法去創造，別期望有人送上門，門都沒有；如果我在香格里拉體驗到「片刻自由」的人生智慧，你弄懂了，就拿去用吧！

香格里拉賦予
生命新的定義

千里單騎之三十二